合唱で歌いたい！ J-POPコーラスピース

女声2部合唱

たしかなこと

作詞・作曲：小田和正　合唱編曲：田中和音

JN219785

●●● 演奏のポイント ●●●

♪全体的に速くなりがちです。テンポを保つことで、詩の内容をより深く表現できるでしょう。
♪ひとつひとつの言葉を大事に歌いましょう。子音を意識しながらもフレーズ感を大事にするよう心がけましょう。
♪26～28、54～56、70～72、78～80、86～88小節のフレーズは、流れないよう言葉をハッキリ喋るように歌いましょう。
また、「いきてるんだ」「おもわないで」の後の休符をきちんととることで説得力が出ます。研究してみましょう。
♪Ⓛは曲の最後です。これまでの雰囲気と変化をつけて歌詞に込められた想いを表現するよう工夫しましょう。

【この楽譜は、旧商品『たしかなこと〔女声2部合唱〕』(品番：EME-C2001)から一部改訂いたしました。】

ELEVATO
MUSIC ENTERTAINMENT

たしかなこと

作詞・作曲:小田和正　合唱編曲:田中和音

A
あめあがー りのー
そらをみーていたー
とおりすーぎてゆー く ひ
Dm F F/A B♭ C C7/B♭ F/A Dm Am/C B♭ F/A
と の な か で か な し み は
たえないー から ちい さな
か な し み は ー
B♭ C F C/E Dm Am7 Gm7 C7 F C/E
し あ わ せ に き づ か ないんだろー
B
ときをこーえて
き づ か ないんだろー
ときをこー えてー
Dm Am/C B♭M7 F/A Gm/B♭ C7 F F/A B♭

14
mf
Uh
まもれるか そら
きみをあいせるかー ほんとうーにきみーを まもれるか
C7 C7/B♭ F/A Dm Am/C B♭M7 Am7 B♭ C F
17
をみて かんがえーてた きみのーためにいまなに
mf
そらをみーてー Uh なにが
Dm Am7 Gm7 C7 F C/E Dm Am/C B♭M7 F/A
mf
20
f
C
ができるか わすれないでどんなときもー きっ
f
できるか わすれないでどんなときもー きっ
Gm/B♭ C F
C
B♭ C Am7 Dm Dm7/C
f

23
mf
と そばにー いるからー
Ah
と ー そばにいるから そのために ぼくらは こ
B♭ C Am7 Dm Gm C
26
f
ah おなじ ーかぜに ふかれーて おなじ ときを いきてるんだ
の ば しょでー おなじ ーかぜに ふかれーて おなじ ときを いきてるんだ
A/C♯ Dm Gm7 C7sus4 C
mf
29
D
B♭M7 C Am7 Dm Dm7/C B♭M7 Am7 Dm

E
33
mp
じぶんのー ことー たいせつーにしてー だれかのーことそっと お
p
と きを こえて きみの
E
F F/A B♭6 C C7/B♭ F/A Dm Am/C B♭ F/A
mp
36
もうみたいに せつ ない とき ひとりでいーないで とおく
ことを せつないとき
B♭ C F C/E Dm Am7 Gm7 C7 F C/E
39
とおくはなれて いかな いでー
F
p
うたがうーより
mp
いかないでー うたがうー よりー
Dm Am/C B♭M7 F/A Gm/B♭ C7
F
F F/A B♭

42
mf
Uh
きえなくても なくし
mp
しんじてーいたいー たとえこーころのーきずは きえなくても
C C7/B♭ F/A Dm Am/C B♭M7 Am7 B♭ C F
45
たもの さがしにーいこう いつかー いつのひかーみ
mf
なくしたものー Uh いつかみ
Dm Am7 Gm7 C7 F C/E Dm Am/C B♭M7 F/A
mf
48
f
G
つかるはず いちばんたいせつーなことはー とく
f
つかるはず いちばんたいせつーなことはー とく
Gm/B♭ C F
G
B♭ C Am7 Dm Dm7/C
f

51
mf
べ つ な ー こ と ー で は な く ー
Ah
べ つ な ー ー
こ と で は な ー く あ り ふ れ た ひ び の な か で
B♭ C Am7 Dm Gm C
54
f
ah
い ま の ー き も ち ー の ま ま ー で み つ め て い る こ と ー
ー き み を ー
い ま の ー き も ち ー の ま ま ー で み つ め て い る こ と ー
A/C♯ Dm Gm7 C7sus4 C
57
H
mp
き み に ま ー だ
Uh
き み に ま だ こ と ば に し て つ た え て な い こ と
Dm A/C♯ Dm7/C G/B B♭M7 F/A

60
mf
mf
ーあるんだ それは ずっと であったーひからー きみを
があるんだ それは ずっとー Uh
Gm7 C7sus4 C Dm Am Gm C F C/E
mf
63
f
I
f
ーあいしているということ きみは そらをーみてるか
あいしているということ きみは そらをーみてるか
Dm C B♭M7 Am7 Gm7 C7 F FM7
I
B♭ C
f
66
ー かぜのおとをきいてるかー
ー かぜの ー きいてるか もう
Am7 Dm Dm7/C B♭ C Am7 Dm

69
Ah ah でもそーれをかなしいーと けっし
にどと ここへは もどれないー でもそーれをかなしいーと けっし
Gm C A7/C♯ Dm Gm
72
f
J
て おもわないで いちばん たいせつーなことはー とく
て おもわないで いちばん たいせつーなことはー とく
C7sus4 C B♭ C Am7 Dm Dm7/C
75
mf
べつなーことーではなくー Ah
べつなーー ことではなーく ありふれたひびのなかで
B♭ C Am7 Dm Gm C

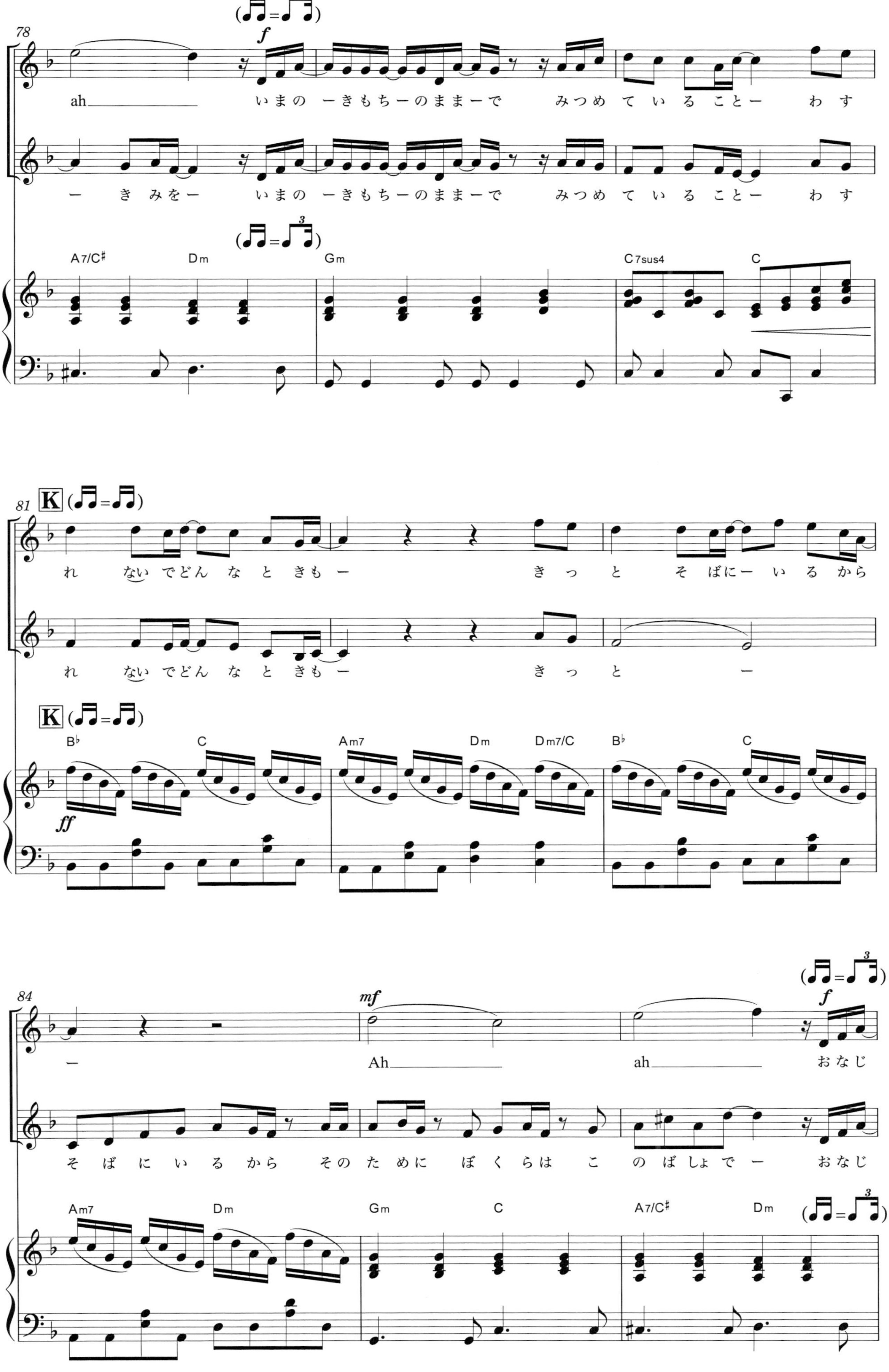
78
f
ah いまの ーきもちーのままーで みつめ て い る ことー わ す
ー き みをー いまの ーきもちーのままーで みつめ て い る ことー わ す
A7/C♯ Dm Gm C7sus4 C
81
K
れ ないでどん な と きもー き っ と そ ばにー い る から
れ ないでどん な と きもー き っ と ー
B♭ C Am7 Dm Dm7/C B♭ C
ff
84
mf
ー Ah ah おなじ
そ ば に い る から そ の た め に ぼ く ら は こ の ば しょ で ー おなじ
Am7 Dm Gm C A7/C♯ Dm

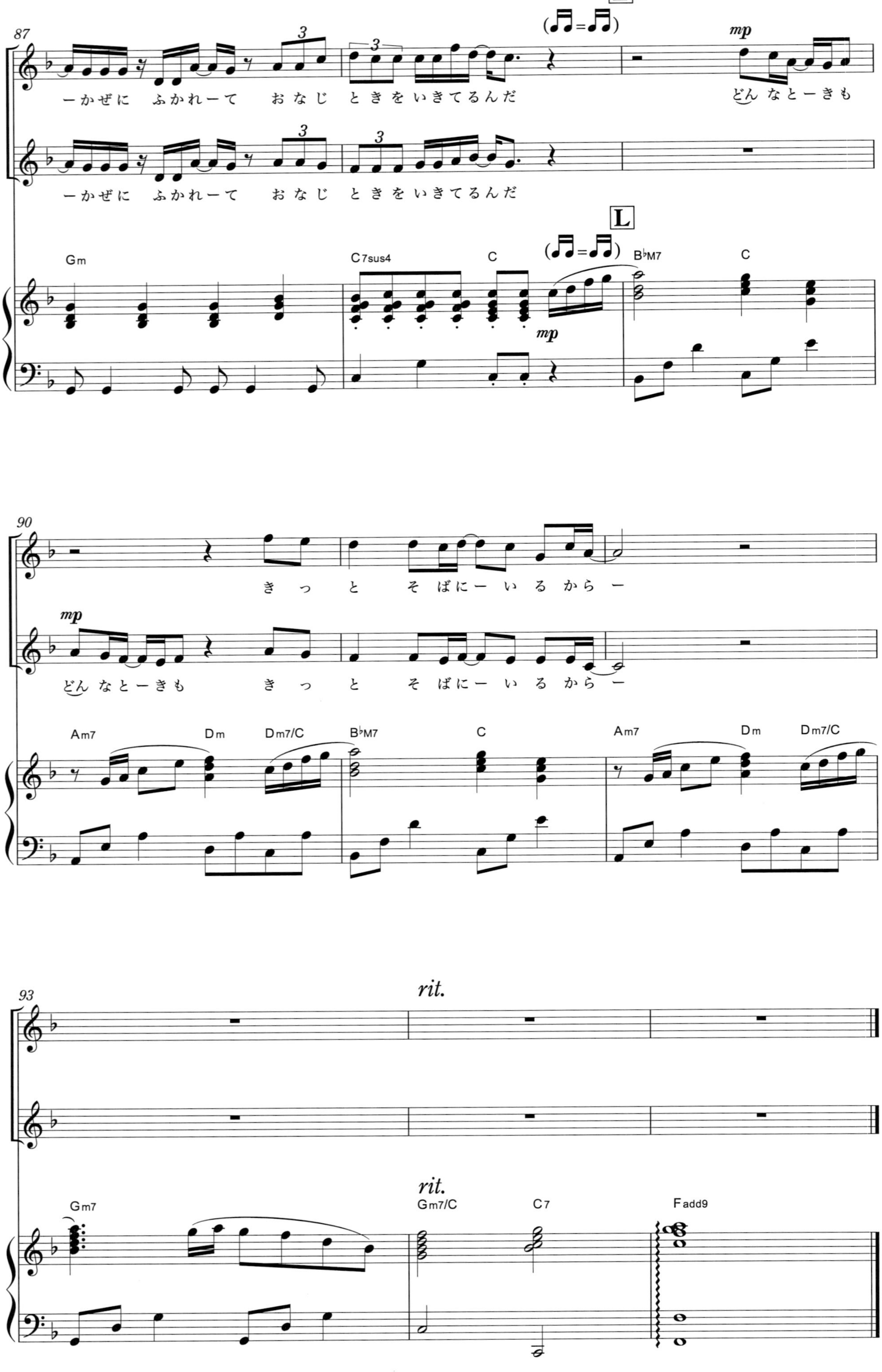
L
mp
ーかぜに ふかれーて おなじ ときをいきてるんだ
どんなとーきも
Gm
C7sus4
C
B♭M7
mp
きっと そばにーいるからー
どんなとーきも きっと そばにーいるからー
Am7
Dm
Dm7/C
rit.
Gm7
Gm7/C
C7
Fadd9

たしかなこと

作詞:小田和正

雨上がりの空を見ていた　通り過ぎてゆく人の中で
哀しみは絶えないから　小さな幸せに　気づかないんだろ

時を越えて君を愛せるか　ほんとうに君を守れるか
空を見て考えてた　君のために　今何ができるか

忘れないで　どんな時も　きっとそばにいるから
そのために僕らは　この場所で
同じ風に吹かれて　同じ時を生きてるんだ

自分のこと大切にして　誰れかのこと　そっと想うみたいに
切ないとき　ひとりでいないで　遠く　遠く離れていかないで

疑うより信じていたい　たとえ心の傷は消えなくても
なくしたもの探しにいこう　いつか　いつの日か見つかるはず

いちばん大切なことは　特別なことではなく
ありふれた日々の中で　君を
今の気持ちのまゝで　見つめていること

君にまだ　言葉にして　伝えてないことがあるんだ
それは　ずっと出会った日から　君を愛しているということ

君は空を見てるか　風の音を聞いてるか
もう二度とこゝへは戻れない
でもそれを哀しいと　決して思わないで

いちばん大切なことは　特別なことではなく
ありふれた日々の中で　君を
今の気持ちのまゝで　見つめていること

忘れないで　どんな時も　きっとそばにいるから
そのために僕らは　この場所で
同じ風に吹かれて　同じ時を生きてるんだ

どんな時も　きっとそばにいるから

MEMO

MEMO

ELEVATO
MUSIC ENTERTAINMENT

ELEVATO
MUSIC ENTERTAINMENT

エレヴァートミュージックエンターテイメントはウィンズスコアが
展開する「合唱楽譜・器楽系楽譜」を中心とした専門レーベルです。

ご注文について

エレヴァートミュージックエンターテイメントの商品は全国の楽器店、ならびに書店にてお求めになれますが、店頭でのご購入が困難な場合、下記PC&モバイルサイト・FAX・電話からのご注文で、直接ご購入が可能です。

◎PCサイト&モバイルサイトでのご注文方法

http://elevato-music.com

上記のアドレスへアクセスし、WEBショップにてご注文ください。

◎FAXでのご注文方法

FAX.03-6809-0594

24時間、ご注文を承ります。上記PCサイトよりFAXご注文用紙をダウンロードし、
印刷、ご記入の上ご送信ください。

◎お電話でのご注文方法

TEL.0120-713-771

営業時間内に電話いただければ、電話にてご注文を承ります。